JN250380

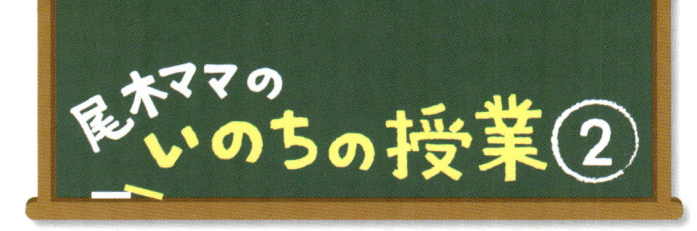

友だちのいのちと自分のいのち

監修　尾木直樹

ポプラ社

これから この本を読むあなたへ

尾木直樹（おぎなおき）

自分では「ふざけ」のつもりだったのに、Ａ（エー）さんが先生に、ボクにいじめられたと相談（そうだん）していたらしい。へんだなァ、本当にボクはいじめようなんてこれっぽっちも考えていなかったのに。なんだかわけがわからない気持ちだ――。そんな経験（けいけん）をしたことがある人、少なくないみたいですね。一方で、からかわれてすごくいやな思いをしたのに、言った本人はそのことに気づいていないみたい、自分はこんなに傷（きず）ついたのに――。こんなことも、よくあるんじゃないかしら。

そこで尾木ママは、じっさいにある小学校にうかがって授業（じゅぎょう）を行い、どこまでがいじめで、どこまでがいじめじゃないか、いっしょに考えることにしました。

じっさいの授業（じゅぎょう）の内容（ないよう）を写真といっしょに、この本の中で紹介（しょうかい）していますよ。今回の授業（じゅぎょう）でも、何がいじめで、どこまでがふざけやいじりなのか、はっきりさせることはとてもむずかしかった。でも、よくわかったこともいくつかあります。

そのひとつは、「いじめか、いじめじゃないかの境界線（きょうかいせん）」は、友だち関係（かんけい）の深さによって決まってくるということです。

　では、いじめを起きにくくしたり、解決したりするためにはどうしたらいいのか。みなさんとの授業を通して、次の3つの有効な方法が見えてきました。

　ひとつ目は、「友だちを大切にする」ってどういうことか考えてみること。ふたつ目は、そもそも「いじめって、いのちを危険にさらす最悪の犯罪なんだ」と知ることです。

　最後の3つ目は、そんな「犯罪」の加害者にならないためにも、イライラ感情とうまくつき合い、みんなが幸せになれる「心のコントロールの仕方」をマスターすることですね。

　みなさんも、じっさいに尾木ママの授業を受けている気持ちになって、イライラ感情からいじめをしない人をめざして、いじめの起きにくい学校にしていってほしいと思います。期待していますよ。

もくじ

この巻では、こちらの二人の先生にもご登場いただいていますよ。

10ページの授業を行った東京都足立区立辰沼小学校の仲野繁校長先生です。

感情コントロールのトレーニングを教えてもらった法政大学の渡辺弥生先生です。

いじめの境界線ってどこ？

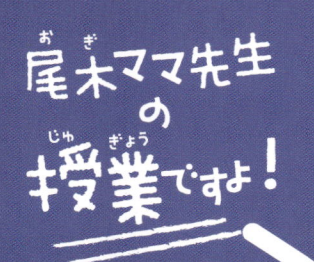

　みなさんは、どんなことが「いじめ」だと思いますか？　相手への悪口？
けったりたたいたりすること？　　「ふざけ」や「いじり」は「いじめ」かな？
　「いじめ」と「いじめじゃない」の境界線について、その背景にあるもの
を考えながら勉強したいと思います。さあ、みなさんもいっしょに考えて
みましょう。

校長矢生 3
直樹君 6
どちらも 22

6月16日(木)

特時 SNSルール作り

いじめか、いじめじゃないか、分けてみよう

あなたは「いじめ」って、どんなことだと思いますか？　下にある❶から⓬のカードは、学校の中で起こった場面が書かれています。それぞれのカードに書かれている内容が、いじめかいじめじゃないかを判断してみましょう。

どれも、学校の中でよくあることじゃないかしら。
こんなことが目の前であったらどうかなって考えてみて！

●「いじめ？　いじめじゃない？」カード

❶なぐり合い

おしゃべりの最中に、ついおたがいが興奮して、なぐり合いのケンカになってしまった。

❷遊びだよ

その日決めた特定の人を、みんなでたたいたり、くすぐったりする遊びがはやっている。

❸トイレ

行きたくないときでも、友だちにトイレにつき合わされる。

❹ナイショ話

人の顔をチラチラ見ながらナイショ話をする。

❺あだ名

お笑いタレントに似ていると言われ、それからそのタレントの名前で呼ばれるようになった。

❻ばかだなあ

失敗したことについて、「ばかだなあ」などとからかう。

授業では、4人1組の班で「いじめか、いじめじゃないか」を話し合いました。

友だちといっしょに考えると、自分だけで考えているときより、いろいろな視点で物事を見ることができますね。

どちらともいえる、どちらか判断がつかないなど、判断に迷った項目は、保留にしておきましょう。

❼近寄らない

いつも不潔にしている子がいる。注意しても直らないので、近寄らないようにしている。

❽遊ばない

Ａさんを遊びにさそったのに、遊びたくないとことわられてしまった。とても傷ついた。

❾ものまね

クラスでウケるので、おおげさに友だちのものまねをして遊ぶ。

❿知らないふり

友だちがいやがらせをされていることがわかったけれど、巻きこまれたくないので知らないふりをする。

⓫お返し

友だちだと思っていた子に悪口を言われていた！ くやしいので自分もその子の悪口を広める。

⓬いじめ発見

弱い者いじめを発見。いじめはゆるせないので、いじめていた子をみんなでせめた。

●授業のようす

これは、絶対に
いじめじゃないよね。

あら……。
意見が分かれましたね。

えっ？　そうかな？
わたしはいじめだと思うな。

これ、ぼく前に
されたことあるよ。
いじめとは
思わなかったけど……。

このカードの
情報だけじゃ
わからないよねー。

そうか〜。

自分の体験から
判断しているね。

書かれていることの
背景を考えているわね。
感心、感心。

確かに……。

話した結果を、班ごとに図のようなシートにまとめました。「いじめだ」と思ったカードは「いじめ」のらんに、「これはいじめじゃない」と思ったカードは、「いじめじゃない」のらんに置きます。どちらか迷ったカードは、まん中に置いてもいいですね。

あなたはどんな結果になりましたか？

●ある班では、こんなふうにまとめたよ

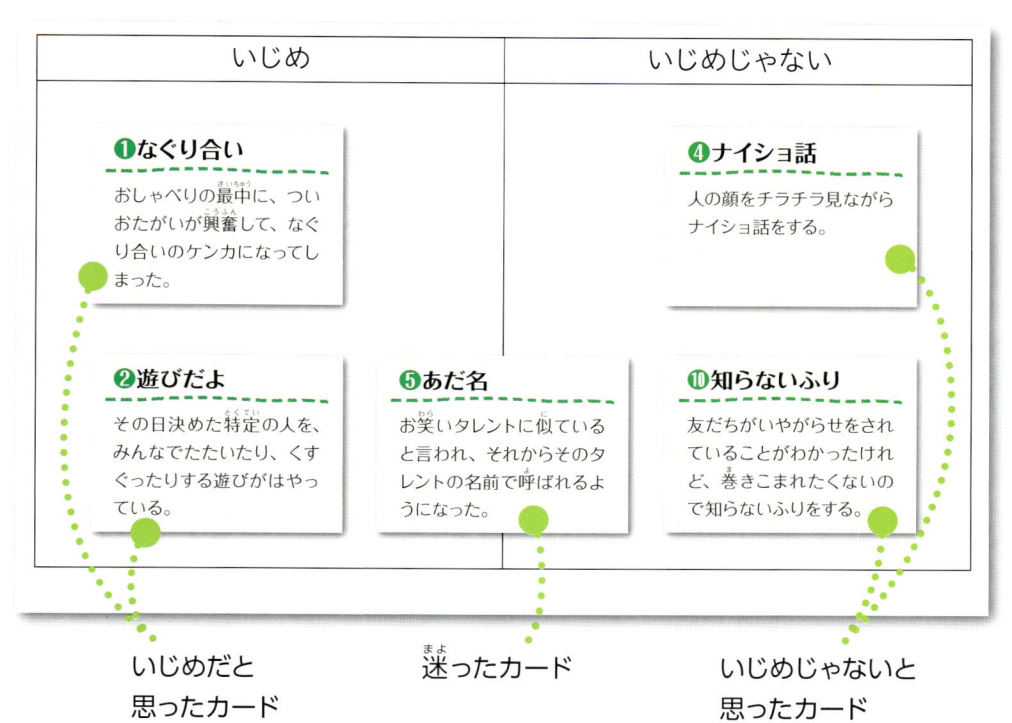

いじめ		いじめじゃない
❶なぐり合い おしゃべりの最中に、ついおたがいが興奮して、なぐり合いのケンカになってしまった。		**❹ナイショ話** 人の顔をチラチラ見ながらナイショ話をする。
❷遊びだよ その日決めた特定の人を、みんなでたたいたり、くすぐったりする遊びがはやっている。	**❺あだ名** お笑いタレントに似ていると言われ、それからそのタレントの名前で呼ばれるようになった。	**❿知らないふり** 友だちがいやがらせをされていることがわかったけれど、巻きこまれたくないので知らないふりをする。

いじめだと思ったカード

迷ったカード

いじめじゃないと思ったカード

今回の授業では、同じカードでも「これはいじめだね」という意見と、「これはいじめじゃないよ」という意見が出ました。人によって、判断が分かれたのです。

これはどういうことでしょう？

次の
ステップ❷が
ヒントです。

どっちかな？　これはいじめ？

　授業の中では、尾木ママ（直樹くん）と仲野校長先生（仲野くん）が、クラスメイトという設定でおしばいをしました。このおしばいをもとに、どちらがいじめているのか、あるいは、いじめじゃないのか、考えてみましょう。

尾木ママのおしばい

① おい直樹。これからお前の家に行くぞ。オレが算数教えてやるよ！
　え……。でも〜
　仲野くん　　直樹くん

② なんだよ！　お前、算数が苦手だって言っただろ！『でも〜』は、ないだろう！
　……

③ おい！聞いているのかよ！

④ 待てよ！どこ行くんだよ、おい！
　……
　無視するなよ！

みんなも考えよう！

　おしばいの中で、直樹くんが仲野くんを無視していますね。直樹くんは仲野くんをいじめているのかな？　それとも、仲野くんが直樹くんをいじめているのかな？
　直樹くんは、どうしてツンツンと無視をしているのかな？
　みんなも考えてみてね。

意見を発表
しよう！

16ページのおしばいを見て、いじめか、いじめじゃないか、また、どうしてそう思うのか、考えてみましたか？
授業では、自分の意見を発表しました。いろいろな意見が出ましたよ。

> 仲野くんは、強く言い過ぎたり、口が悪かったり。仲野くんがいじめているように見える。

> 直樹くんは仲野くんのことを無視していたから、いじめていると思う。

> 算数が苦手だからとか、直樹くんの悪いところを言っているから、仲野くんがいじめっ子。

> どっちもいじめ合いっこしている。

> どっちも人の話を聞いていないし、どっちもどっちだと思う。

ふしぎですね。同じものを見ているのに、意見はそれぞれちがっていました。ステップ❶のカードでもそうでしたね。それだけ、いじめか、いじめじゃないか、その見極めはむずかしいということなのです。授業では、「どっちもどっち」という意見が出て、それがいちばん多かったんですよ。みんなはどう思ったかな？

いじめの境界線のあいまいさ

ステップ❷を見てもわかるように、いじめか、いじめじゃないかという境界線は、とてもあいまいなものなのです。友だちとの関係性や立場によって、見方が変わる可能性があるからです。

二人の関係性からも変わってくる

たとえば、Ａさんがさんに「ばかねえ」って言ったとき、二人の関係が仲良し同士だったら、Ｂさんはむしろ親しみを感じ、いやな気持ちにならずに「笑い」に変わる可能性も高いですよね。

でも、ＡさんとＢさんが仲が良くない、もしくは顔なじみ程度の関係性の場合、同様にＡさんがＢさんに「ばかねえ」って言ったときはどうでしょうか。Ｂさんは、自分のことをよく知らないはずのＡさんに、とつぜん悪口を言われたと思い、いやな気持ちになる可能性が高いのです。

意見の見直しをしよう

ステップ❷のおしばいから、いじめの境界線（きょうかいせん）はあいまいで、その判断（はんだん）はむずかしいということを理解（りかい）しましたね。それらをふまえて、ステップ❶で分けたカードについて、判断（はんだん）が変（か）わったものがないかどうか、もう一度見直しましょう。

関係（かんけい）を考えると、これはいじめじゃない可能性（か のうせい）があるよね。

これもそうだね。

いじめか、いじめじゃないか、どちらにも判断（はんだん）ができないと思っていた保留（ほ りゅう）カードについても、もう一度考えてみてね。

授業（じゅぎょう）では、もう一度班（はん）に分かれて話し合いました。

尾木（おぎ）先生の話を聞いて、先ほどのカードの行動が「いじめ」か「いじめじゃない」かを、もう一度判断（はんだん）してみましょう。判断が変わったカードがあったら、下の表に書き入れ、どう変（か）わったか、どうして変わったのか、理由を書きましょう。

判断（はんだん）が変（か）わったカード	どう変（か）わったか、どうして変（か）わったか

理由を考えよう

判断（はんだん）が変（か）わったカードがあった場合は、どうして変わったのかという理由や、具体的（ぐ たいてき）にどう変（か）わったのかなどを考えてみましょう。授業（じゅぎょう）では、左のようなシートを使ってまとめてみました。

みんなはどう考えたかな？
意見を聞いてみよう

ステップ❹で判断を変更したカードがある
かどうか、みんなで意見交換をし、それぞれ
の意見をクラスのみんなで共有しました。

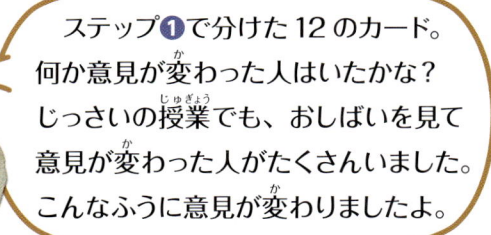

ステップ❶で分けた 12 のカード。
何か意見が変わった人はいたかな？
じっさいの授業でも、おしばいを見て
意見が変わった人がたくさんいました。
こんなふうに意見が変わりましたよ。

❶の「なぐり合い」がいじ
めだと思ったけど、いじめ
じゃないに変わった。
理由は、なぐり合いのケン
カをしても、仲良しの友だ
ちだったら、仲直りできる
と思ったから。

Dくん

❶の「いじめ発見」がいじめじゃない
と思っていたけど、いじめに変わった。
理由は、『みんなでせめた』って書い
てあったから。ひとりをみんなでせめ
るのは、いじめだと思う。

Eさん

❾の「ものまね」がいじめだと思ったけど、いじめじゃないに変わった。
理由は、悪いところをものまねしたとは書いていないので、いいところをものまねすればいい。

F くん
（エフ）

H さん
（エイチ）

❸の「トイレ」がいじめだと思ったけど、いじめじゃないに変わった。
理由は、『行きたくないときでも』って書いてあるけど、行きたいときだったら、いじめにならないと思うから。

❶❶の「お返し」がいじめじゃないと思っていたけど、いじめに変わった。
理由は、友だちなんだから、悪口じゃなくて、直接注意すればいい。悪口を言うのは、いじめだと思う。

G さん
（ジー）

こんな考えも…

　みんないろいろな意見が出ました。こうやって見てみると、いじめか、いじめじゃないかの区別って、なかなかわかりにくいですね。
　おしばいの中では、直樹くんがツンツンしていて、仲野くんを無視していたでしょ？　もし1年前、じつは直樹くんが仲野くんにいじめられたことがあったとしたら……?　直樹くんは、もう関わりたくないっていう気持ちが強くて無視していたのかもしれないね。自分の心を守るための無視だったのかもしれません。
　いろいろな事情を考えると、ますますいじめの境界線はあいまいですね。

21

ふりかえってみよう！

ステップ❶から❺で学んだことについて、ふりかえってみましょう。じっさいに授業（じゅぎょう）を行ったクラスでは、次のような感想も出ました。

> 自分がいじめだと思っていたことが、いじめじゃないという意見が多かったのでびっくりしました。

> ふざけからいじめになるかもしれないということがわかりました。

> 自分がふざけてしたことが、相手にいやな思いをさせているかもしれないから、これからは気をつけたい。

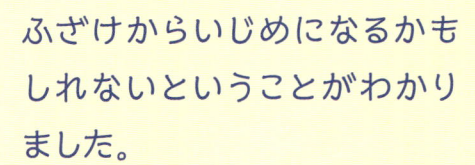

> いじめをへらすためには、友だちをつくって仲（なか）のいい関係（かんけい）をつくることが大切だと思った。

いじりがエスカレートすると、いじめになってしまうことのこわさや、自分がいじめ・いじめじゃないと思っていたことについて、友だちとの考え方にちがいがあったという意見など、さまざまな気づきがあったようです。

　ここまで、ふざけやいじりが、いじめか、いじめじゃないかの区別について考えてきました。たとえふざけてやっていたとしても、**された人がいやな思いをしていれば「いじめ」**です。した人とされた人との関係によっても変わりますし、されたことへの感じ方も人によってちがいます。**「いじめ」と「ふざけ・いじり」の境界線は、とてもあいまい**なのです。

　「いじめ」は、相手の心にとても大きな傷をあたえ、ときには生きる気力さえうばってしまう、絶対にしてはいけない行為です。でも、なかなかなくなりません。

　クラスで「いじめ」をへらしていくにはどうしたらいいか。それには、**相手の気持ちを想像すること、自分の気持ちを誤解されないように伝えること**が大切です。

　そして、そのためには、**なんでも言い合えるクラス**にすることがとても大切です。いやなことを言われたときは「やめてくれる？　そう言われるの、とても苦手なの」、誤解されそうになったときは、「ぼくはこういうつもりだったんだ」など、なんでも言い合えるクラスです。だれでも、なんでも言える環境があれば、何かトラブルが起きて、当事者同士で解決ができなくなっても、ほかのだれかの行動で解決することができるのです。

　相手の気持ちを想像できる一人ひとりの力と、**なんでも言い合える環境**があるのが、いじめが起きにくいクラスです。みなさんも、いじめが起きてもすぐに止められるクラスを築いていってほしいと思います。

1 友だちについて考えよう

クラスの中で、どの人が友だち…？

クラスのリーダー
弘司くん。

いつもふざけている
太一くん。

別のグループだけど、
たまたま係が同じになった
由美ちゃん。

ときどき話す柚希ちゃん。
こまったときに
助けてくれたことがあるな。

友だちって、だれのことかな？

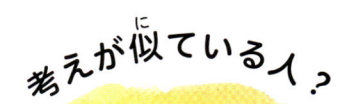
考えが似ている人？

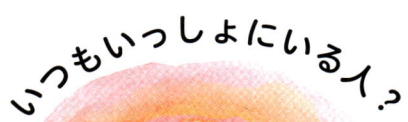
いつもいっしょにいる人？

遊びにさそってくれる人？

フツーに気が合う人？

なやみを話せる人？

そうですね。いろいろな友だちがありそうです。

　ゆりさんにとっていつもいっしょにいる美来ちゃんは、もちろん友だちです。ではほかの子はどうでしょう？　グループがちがったり、あまり仲良くない人は、友だちではないのでしょうか？

運動会のとき、弘司くんがクラスをまとめてくれた。たのもしいなあと思った。

勉強がわからなかったとき、美咲ちゃんが教えてくれたなあ。

じつはね…

　いつも遊んでいなくても、考え方がちがっても、みんな同じクラスの友だちです。仲のいい美来ちゃんは、「仲良しの友だち」。ときどき話をする柚希ちゃんは「ときどき話す友だち」で、1回話したことがある友樹くんは、「1回話したことがある友だち」です。ほかにも、いつもけんかしちゃう友だち、話したことのない友だち、いつも意見がちがう友だち……。みんなクラスの友だちです。いっしょにいなくても、何かあったら声をかけるし、こまっていたら助け合います。それが友だちです。

仲良くなくても友だちなの？

あまり仲良くないのに友だちなの？

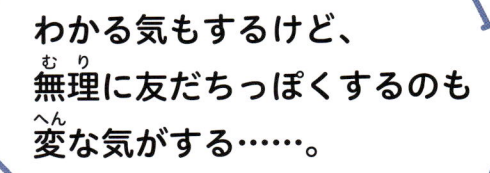

わかる気もするけど、
無理に友だちっぽくするのも
変な気がする……。

相手を思いやるのが出発点

　そうですね。クラスの友だちの中には、ちょっと苦手な人もいるし、考え方や性格が合わない人もいます。それでもいいのです。それでも友だちです。無理に仲良くふるまう必要はありません。ただ、相手を否定せず、みとめること。いじめや仲間はずれなど、相手を傷つける行為はしないこと。それが最低限のルールです。

　相手をみとめるには、相手を知って、思いやる心をもつことが出発点です。そして、だんだんと相手の気持ちを考えて行動できるようになることが大切です。

あまり話さないけど…

何かあれば、声をかけます。

ちょっと苦手だけど…

こまっていたら、助けます。

別のグループだけど…

いいところを知っています。

次のページの「ひみつのたんてい」で、クラスの友だちをもっと知りましょう!

31

ひみつのたんてい

クラスの友だちをよく知るために、友だち観察（かんさつ）をみんなでやってみましょう！

1

一日ひとりずつたんていになります。

2 クラスの中からひとりをターゲットとして、担任（たんにん）の先生が選（えら）び、たんていだけに伝（つた）えます。

3 たんていになった子は、みんなにはわからないように、そのターゲットの子を一日マークして観察（かんさつ）します。その子のいいところを3つ以上探（いじょうさが）すのが、たんていのミッション（任務（にんむ））です。

4 たんていが、帰りの会などでターゲットのいいところ3つを発表します。

5 クラスのみんなで、その日のターゲットがだれだったのかを当てます。
当たったら、たんていのミッションはクリアです。

「いつもニコニコ
している」なら、
あの子かな？

「ごみをひろって
いた」のは……？

「サッカーがじょうず」
といえば……
あっ、わかった！

たんていくん！
うまくミッションを
クリアできたかな？

友だちとは仲間（なかま）のこと

　さて、ここまで友だちについていろいろと考えてきました。

　「苦手だな……」って思う人がいても、その人のことをよく見て、よく知ると、その人のいいところが見えてくるはずです。たとえ好（す）きにはなれなくても、「ここはいいところ」と、ちゃんとみとめることができる。それが大事なのです。

　いつもいっしょにいなくても、あまり話さなくても、何かあったら声をかけるし、こまっていたら助け合います。それが友だち、仲間（なかま）なのです。

その人のことをみとめると
いうことは、その人を
その人として尊重（そんちょう）すること。
尊重（そんちょう）し合うことが
とても大切ですね。

2 友だちのいのちを考えよう

友だちを大切にするってどういうこと？

気持ちをわかってあげること？

こまったときに、助けてあげること？

なやみがあったら、相談にのってあげること？

どれも正解です。

　34 ページの行動は、友だちを大切にしているからできる行動です。「友だちを大切にする」ということは、「友だちのいのち」を大切にするということです。みなさんは、「友だちのいのち」を大切にしていますか? 知らない間に、「友だちのいのち」を傷つけていませんか?

> まさか!
> いのちを傷つける
> なんて……。

> 友だちのいのちを
> 傷つけたら
> 犯罪だよ!

> そうですね。では、
> 次の 3 つの場面、
> あなたはどう
> 思いますか?

1

リコはいつもクラスでひとり。べつに仲間はずれにしているわけではないんだけど、ノリが悪いし暗いし……。でも、何も言わないから、本人はあまり気にしていないんじゃないかな。

2

いつもへらへらしているヒロト。もともと仲は良かったけど、最近はいじってよくネタにしているかも。笑いもとれるし、本人も笑っているよ。

3

お笑いタレントに顔が似ていたので、あだ名にそのタレントの名前をつけた。たかちゃん本人は、最初は「やだー」って言っていたけど、みんなにウケたから、ずっとそのあだ名で呼んでいる。

> **1** はあるかも……。
> でもこれって、いのちを傷つけるっていうほど大げさな話ではないよねえ。
> 本人も気にしていないし。

> そうかな?
> このくらい
> だいじょうぶ
> なのかな?

３人の心の中、じつはこうだったかも…？

リコ

なんか、わたしいつも
クラスでひとり。みんな
わたしをさけているみたい。
だれとも話せなくて、
毎日悲しいです。

いつもクラスで
いじられている。どうして
こうなっちゃったのかな。
何がいけなかったのかな。
学校……いやだな。

ヒロト

たか

今のあだ名、
本当にいやだな。
やめてほしい。
べつの呼び方にしてほしい。
もうサイアクだよ。

日常生活（にちじょうせいかつ）の中で、友だちがいやがることをしていませんか？　いやがるあだ名で呼（よ）んだり、かげで悪口を言ったり、人前でからかったり……。それは友だちの心を傷（きず）つけています。心の傷（きず）は、ときに体の傷（きず）より治（なお）りにくいこともあります。また、心の傷（きず）が深くなれば、いのちに関（かか）わってくることもあります。

35 ページの 1〜3は、された人の心が傷（きず）ついているかもしれませんね。もしそうなら、これはみんないじめです。いじめは心を傷（きず）つけ、いのちを傷（きず）つけます。だからけっしてしてはいけないことなのです。

では、35 ページに出てきた 3 つのケース。どうすれば友だちのいのちを傷（きず）つけないようにできるのでしょう？　友だちを大切にするためには、どんな行動をとればいいと思いますか？

週に一度、クラス全員で遊ぶ日をつくるのはどうかな？　遊んでいれば、だんだん話せるようになるかもしれないよ。

見ていて「やりすぎ」と思ったら、「それ、やりすぎだよ」とか、「よくないよ」とか指摘（してき）するのがいいんじゃないかな？

本人がいやがるあだ名はつけないようにするとか……。

いろいろなアイディアが出ましたね。そうやって、友だちがいやな思いをしないようにと考え、行動することが、友だちを大切にしていることになるんですよ。

こんなケース、ある?

そのほかにも、相手を傷つけるつもりはないのに、傷つけてしまうケースがあります。

① かわいいポーチを買ったので、翌日学校に持って行ったゆうちゃん。

ゆう

あき

見て！昨日ママに買ってもらったの。

わ〜、何それ！うけるー。

②

みんな見て〜。ゆうのポーチ。シマウマみたい！超うける！

ほんとー。センスビミョー。

③

え……

あきさんに悪気はなかったのかもしれません。でも、ゆうさんは傷つきました。このあと、「ゆうのセンスビミョー」など、みんながからかったり、ばかにしたりしはじめたら、いじめに発展することもあります。

あきさんの行動、どう思いますか？あきさんはどうすればよかったのでしょう。

趣味（しゅみ）がちがうのは仕方ないけど、みんなにあんなふうに言わなくてもよかったよね。

「わたしとは趣味（しゅみ）がちがうけど、おもしろいね」とか「ユニークな柄（がら）だね」とか言えばいいんじゃない？

まさかあんな空気になるとは思わなくて。みんなに見せて回すことはなかったかもしれない……。悪かったな〜って、後から思った。

ちょっと考えて！

ゆうさんは、ポーチをとっても気に入っていたから、あきさんに見せたのじゃないかしら。相手を思いやれば、べつのことばが出てきたかもしれませんね。

そんなつもりがなくても相手が傷（きず）つけば、相手の心を傷（きず）つけ、いのちを傷（きず）つけているのです。

次は、いじめによっていのちを傷（きず）つけるとどんなことが起こるのか、という話を紹介（しょうかい）します。

3 いじめといのちを考える

いじめは心に傷を残す

　いじめは、いじめを受けた人の心に大きな傷をつけます。そして、その傷はかんたんには消えず、大人になっても残ってしまうことがあります。

　いじめにあってしまった人と、いじめをしてしまった人が、そのときどんな気持ちでいたのか、今どんな気持ちなのかを聞いてみましょう。

だれも信じられない、
自分は最悪、孤独、
自分に自信がない、
人と話すことがこわくなるなど、
いじめを受けた人の心には
いろいろな後遺症が残るのです。

光一さん
（大学生）

いじめを受けたとき／小学校6年生

　ぼくが受けたいじめは、クラスの人から無視されたり黒板に悪口を書かれたり、持ち物をこわされたりするものでした。そのときぼくは、なぜいじめられるのかまったくわかりませんでした。後から思うと、いじめをしていた人たちのストレス解消にされていたような気がします。

　大学生になった今でもそのことを思い出してしまい、なかなか友だちを信用できません。かげで悪口を言われているんじゃないかって思ってしまって……。友だちを信用できないので、今でも親友はいません。

いじめを受けたとき／中学校1〜2年生

　最初は同じクラスの複数の男子から、名前を呼ばれてからかわれるだけだったのですが、だんだんエスカレートしていやなことばもかけられるようになりました。2年生のとき、母が担任に話をして、わたしをからかっていた男子たちがあやまってくれて解決しました。でも、その後もずっとその男子たちへの恐怖心をかかえながら学校生活を送り続けました。そのせいか、今でも男の人の大きな声を聞くと、胸が苦しくなり、足がふるえて汗が出てきます。

あかねさん
（28歳・会社員）

美雪さん
（大学生）

いじめをしたとき／小学校5年生

　同じクラスにいた知的障がいをもった子をいじめていました。その子はときどき変なことを言ったり大声を出したりしたので、クラスで仲間はずれにされていました。

　本当はいじめたくなかったのですが、みんながその子にひどいことを言っているのを止める勇気はありませんでした。そしていっしょになってひどいことを言っていました。今でもそのことを思い出すと、本当に情けなく、自分をゆるせない気持ちになってしまいます。

じつはいじめは、いじめられたほうはもちろん、いじめたほうにも、**心に傷が残るんですよ。**

いじめはいのちを傷つける

いじめにあうと、その人の心も体も傷つきます。

ある研究で、いじめられている子どもの脳をいろいろな角度から撮影したところ、うつ病などの心の病気の患者さんに見られるのと同じ特徴がありました。

つまり、いじめは脳にダメージをあたえ、心を病気にしてしまうこともあるということです。

心の病気になると…?

食欲がなく、
よく眠れない

何も
考えられない

いつもゆううつで、
やる気が起こらない

力が出なくて、いつも
体がつかれている

死んでしまい
たくなる

うつ病などの心の病気の特徴のひとつに、「死んでしまいたくなる」というものがあります。

いじめを受けたことがない人は「そんなおおげさな……」と思うかもしれませんが、じっさいにそんな気持ちになって、いのちを危険にさらすこともあるということを、わすれてはいけません。

いじめを科学的に見てみると…

1 いじめられると心が苦しくなります。

2 それが続くと、心の病気になります。

3 脳を画像診断したところ、心の病気の人の特徴が見られました。

4 学校がかわっていじめがなくなると、その特徴がなくなりました。

ほかにも、いじめや暴力によって細胞の寿命が短くなるという研究や、体が感染症にかかったときや体に炎症が起きたときなどに、血液中に増えるたんぱく質が、いじめを受けている子どもにも増えることなどもわかっています。

いじめがいのちを傷つけることは、科学の分野からもわかりはじめています。いじめるほうは軽い気持ちでも、いじめの行為はいのちを傷つけているのです。

だからいじめは絶対にしてはいけないのです。

43

いじめは犯罪って本当なの？

　人は生まれながらにして、しあわせになる権利をもっています。それは、だれにでもみとめられる「人権」のひとつです。人権は憲法で保障されている権利です。

　いじめは、いじめられた人をつらい思いにさせます。つらい思いをさせられるということは、しあわせになる権利をうばわれているということです。

だれもがもっている人権

人権とは、憲法で保障されている「人が人らしく生きる権利」のこと。だれもがもっている権利。

いじめられると…

いじめが続くと毎日がつらく、しあわせをうばわれている。つまり、人権を侵害されている。

人権侵害は…

人権侵害は、憲法に違反していることになる。
つまり「いじめ」は犯罪なのです。

みんなのいのちを守る取り組み

ぼくたち わたしたちの TKR（ティー ケー アール）

東京都足立区立
辰沼小学校
仲野繁校長先生

　辰沼小学校では、学校を「いじめが起きにくい環境」にするために、児童主体のいじめ防止活動に取り組んでいます。活動名は、**辰沼キッズレスキュー**（略称ティーケーアール**ＴＫＲ**）です。

　これは、わたしと子どもたちが相談した結果、「いじめ対応で大切なのは、解決より防止だ」という結論になり、はじめた取り組みです。また、子どもを主体にしたのは、「いじめは、子どもが子どもに行う、子どもの世界のできごとであり、子どもが主役のできごと」だからです。

　活動の基本方針は次の3つです。

❶ いじめ反対の気持ちを「見える化」する ➡ **そのために……** 児童主体の「声かけパトロール」を行い、いじめ反対の気持ちをみんなに伝えています。

❷ 思いやりの気持ちを行動で表す ➡ **そのために……** 「仲よししぐさ」「手伝いしぐさ」「あいさつしぐさ」を実践しています。そのことで、「みんなやさしいな」と感じる人が増えれば、その分いじめの気持ちはへると考えました。

❸ 楽しい、やさしい気持ちを感じる活動を行う ➡ **そのために……** 「楽しい」「おもしろい」気持ちを感じるイベントを行っています。

　その結果、トラブルやいじめが発生したとしても、すぐに表面化したり、子ども同士が気軽に注意し合うようになったことで加害者が生まれなくなったりし、深刻ないじめが起きなくなりました。

◀「いじめを　しない　させない　ゆるさない！」があいことば。ＴＫＲの隊員たちが、2時間目と3時間目の間の休み時間に、校内をパトロールします。

言われてやるわけじゃないのがいいですね。みんなキラキラしてる！

◀いじめが起きにくい環境とは、みんなが楽しくいられる環境です。ＴＫＲでは、「一発芸大会」や「うどん作り大会」など、みんなが自然と笑顔になる学校全体のイベントを企画して実践しています。

45

どうしていじめはなくならないの？

いじめはいのちを傷(きず)つけます。
ときにいのちをうばいます。
よくないことだとわかっているのに、
どうしてなくならないのでしょう。

わかっていても、つい
やっちゃうんじゃない？

いじめだと思わずに
やっていることもあるよね。

いじめは、いじめる人がいるから起こります

いじめる人の理由はさまざまです。自分のストレス解消(かいしょう)でいじめをする人もいますし、頭では「いじめがよくない」とわかっていても、ついカッとなっていじめをしてしまう人もいます。そして、あきらかにいじめているのに、「これはいじめじゃない」と思っている人もいます。

イライラしてやってしまったこんな例(れい)

1 あ！宿題わすれた。香川(かがわ)さん、ちょっとだけ見せてくれない？

自分でやらないとダメだよ

2 ケチ。ちょっとくらいいいのにな。ムカツク！

3 3時間目の音楽で、歌のテストがあった。香川(かがわ)りえが、ちょっと音程(おんてい)はずしていたから、休み時間に「イニシャルKR(ケーアール)って超(ちょう)オンチ〜」と大声で言ったら、みんな超爆笑(ちょうばくしょう)。

4 そのあとKR(ケーアール)のオンチ話で盛(も)りあがった！

香川(かがわ)はずっと下を向いていたけど……。オレのせいじゃないから。宿題見せてくれない香川(かがわ)が悪いんだ！

はじめは小さなことでも、やがていじめに発展してしまうことがあります。
そんなつもりがなくても、まわりを巻きこんでいじめが起きるのです。そして、
それが、友だちのいのちを傷つけます。

はじめは小さなことだったけれど…

友だちはみんな一人ひとりちがいます。ときには意見が合わなかったり、けんかになったりすることもあります。

　そんなとき、そこからいじめになるかならないかは、自分の気持ちをコントロールできるかどうか、相手とのコミュニケーションをうまくとれるかどうかにかかわってきます。

　トラブルが起きたとき、どうすればいいのでしょう。

イライラしてしまって、
つい、言っちゃったんだよね……。

イライラの気持ちを
コントロールできない。

そんなつもりじゃなかったの。
でも、気持ちをうまく
伝（つた）えられなくて……。

コミュニケーションが
うまくとれない。

もう少しじょうずに、気持ちを
コントロールできるといいのですが……。
気持ちをコントロールする
練習をしてみましょう。
渡辺（わたなべ）先生〜。お願（ねが）いします。

4 気持ちをコントロールしてみよう

こんにちは！　わたしは人の心について研究している渡辺です。いっしょに気持ちのコントロールについて考えてみましょう。

　だれでもイライラ、むしゃくしゃすることってありますよね。綾さんと、お友だちのゆきさんとのトラブルから、イライラする感情について見ていきましょう。

渡辺弥生先生

ずっと楽しみにしていた、土曜日のおとまりの約束。ゆきさんが前日になって、「日曜日に家族の予定が入っておとまりできなくなっちゃった」と電話をしてきました。

そのとき綾さんは…

どうしてよ!?
ずっと前から約束してたのに！
約束やぶる気？

ええっ……。

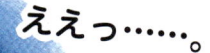

そんなにおこらなくても……。
わ、わたしだっておとまりしたかったよ。仕方ないじゃない。おじいちゃんのお見舞いに行くことになっちゃって。お父さんが家族で行けるのは日曜日だけだって言うんだもん。

ゆきさん

綾さん

みんなは綾さんの対応を、どう思いますか？

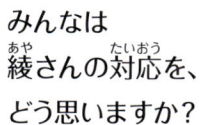

 50

綾さんの気持ちはわかるけど、
こんなふうにつめよられたら、
何も言えなくなっちゃうかも……。

でも、せっかく楽しみにしていたのに、
綾さんがおこるのも無理ないよ。
ぼくだっておこると思うけど……。

そして、その結果は…?

　ゆきさんは、はじめはあやまるつもりでしたが、綾さんに「約束やぶる気?」ときつく言われ、なんだかとてもいやな気分になりました。

　そして、「ごめん…。じゃあね……」と、電話を一方的に切ってしまったのです。

　綾さんだって納得いきません。「なんでわたしがキレられるの?　悪いのはゆきちゃんじゃない!」

こうして二人は、
しばらく学校でも口をきかず、
1週間後にようやく口をききました。
二人とも、居心地の悪い
1週間でした。どうして
こんなことになったのでしょう?

　綾さんは、自分が感じたイライラをそのままゆきさんにぶつけています。これでは、ゆきさんはこまって何も言えなくなったり、逆に綾さんをせめる気持ちになったりしてしまいます。その結果、二人の関係が悪くなり、相手や自分自身が傷つくことだって起こります。

どうして綾さんは、イライラして、ゆきさんの話を聞けなかったのでしょう?

これがイライラの正体です

いかり

傷ついた　つまらない　自信がない
悲しい　ショック　情けない
さみしい　苦しい　しっと
がっかり　　あせり
心配
不安　不満　後悔

イライラの感情は、どうして起こるのでしょうか?　左の図のイライラの岩を見てください。地上で「いかり」が爆発していますね。でも地上からは見えない土の中には、いかりのもととなるたくさんの感情があります。

イライラは、とつぜんわき起こってくるようですが、そうではありません。イライラのもとになる感情がいくつも積み重なり、イライラ感情となって爆発するのです。

綾さんのイライラ感情は、どんな感情がもとになっているのでしょう。
綾さんになったつもりで、いろいろな感情を考えてみましょう。

ゆきちゃん大好き

悲しい

とつぜん言われても……

え？　うそでしょ？

約束なのにひどい

がっかり

どうしてよー

いろいろ遊ぼう

こんなにたくさんの感情が心の中でうず巻いているなんて、びっくり。

イライラはことばではうまく言えなかったけど、確かにこんな気持ちがある気がするなあ。

　イライラの正体、わかりましたか？
　あなたが何かでイライラしたときも、このようにたくさんの感情が心の中でうず巻いているのです。
　イライラ感情を爆発させないためには、このもとの感情があることを理解し、考え、その感情をコントロールしていくことが大切なのです。

わかるわ～。
大人でも「イライラ」が、しなくてもいいケンカの原因になってしまうんですよね。

では、綾さんはどうすればよかったのでしょう？
今度はイライラ感情をコントロールした綾さんを見てみましょう。

ええっ？
そんなこと言われても……。
家族の予定って何？

入院しているおじいちゃんの
お見舞いに、家族みんなで
行かなきゃいけなくなって……。
お父さんがその日しか
みんなで行ける日はないからって。
わたしもおとまり楽しみにしていた
から、すごく残念。本当にごめんね。

そっか……。すごく
楽しみにしていたから、
残念。じゃあ、また別の
日に計画しようね。

うん。ごめんね。
ありがとう。

ここで コントロール

| まず相手の話を聞く。 | → | ●家族の都合だとわかる。
●自分だけが楽しみにしていたわけではないことがわかる。
●もともとゆきさんは大切な友だち。 | → | イライラはおさまり、ゆきさんと新しい約束ができる。 |

綾さんはゆきさんの事情を聞くことができました。話を聞くことで、ゆきさんも楽しみにしていた約束だったことがわかりましたね。そして、また別の日におとまりする約束もできました。このように、トラブルが起きたとき、話をすることで解決することができれば、より友人関係を深めることができます。

やってみよう！

トラブルを解決できるかな？

野球をしていたみつるくんとはやとくん。アウトかセーフか意見が分かれました。あなたがはやとくんだったら、こんなとき、どう解決しますか？

①
セーフだ！やったー！
えっ？アウトだよ！
みつるくん　　はやとくん

②
ギリギリセーフ！
アウトだったよ！

③
セーフだって言ってるだろ！
じゃあ、今のはなしにしようか？もう1回やらない？

ほかにも……、セーフかアウトかわかりにくいから、だれかにしんぱんをやってもらおうよ。
このままのルールだとまた意見が分かれるから、新ルールを考えよう。

ちょっとしたトラブルでけんかをし、そのままいやな思いをして終わるのは、どちらにとっても残念ですね。野球がしたい、いっしょに遊びたい、仲良しのふたり。楽しい遊びを続けるためにはどうすればいいのか、はやとくんになって考えてみましょう。こたえはひとつではありません。あなたなりの解決方法を考えて、トラブルを解決してみてください。

感情コントロールの5つの技

　イライラしたら、いったん心を落ち着かせることが大切。でも、これは大人でもなかなかむずかしいことです。まずは、自分がどうやったら心を落ち着かせることができるのか、自分に合った方法を見つけましょう。次の技をためしてみてください。

1 自分自身と会話してみる

　セルフ・トークといいます。自分の中で、「だいじょうぶ！」「落ち着いて！」「気にしないで！」と、自分と対話する方法です。

2 深呼吸してみる

大きく息を吸う。

ゆっくり息をはく。

これをくりかえす。

3 イメージをしてみる

目を閉じて、自分にとって心地のいいことをイメージする方法です。

プールにぷかぷか浮いている、自分が好きなことをしている、うまくいったときのことを考えるなど、なんでもかまいません。

4 その場からはなれる

心を落ち着かせるために、いったんその場をはなれてみましょう。

ごめんね、また後で話そうよ。

などと言って、はなれるといいですね。

5 間を置く

すぐに反応せず、少し間を置く方法です。ゆっくりと、心の中で 10 数えてみるといいですね。

1・2・3 ………

どうですか？

自分に合った気持ちの落ち着かせ方は見つかりましたか？

ここにあげた5つは例の一部です。自分ならではの方法を考えてみるのもいいでしょう。自分に合う方法が見つかったら、それを練習してみましょう。最初はできなくてもかまいません。だんだんできるようになればいいのです。

イライラした出来事を思い出して、感情をコントロールする方法を何度もやっていくうちに、イライラ感情をいったんストップすることができれば、感情コントロール成功です！

自分の気持ちをきちんと伝えることが、じょうずなコミュニケーションには欠かせません。どのようにすればうまく自分の気持ちを相手に伝えられるか、このゲームをやってみましょう。

やってみよう!

自分の気持ちを伝える
「気持ちことば」ゲーム

1 ふたつの班に分かれて競います。

2 むかつく、うれしい、やばい…など、「気持ちことばカード」（いろいろな気持ちが書かれたカード）を用意して、裏向きに置きます。

1 班

2 班

さびしい	おこった
うれしい	幸せな
ワクワクする	悲しい
がっかりする	くやしい

3 まず、ひとつ目の班のひとりが、だれにも見せずにカードを1枚めくります。

4 めくったカードに書かれた「気持ちことば」になったときのエピソードを、その気持ちことばを使わずに、自分の班の人に向かって話してください。

えーっと。わたしが一生けんめいかいたネコの絵をお母さんに見せたら、かわいいタヌキね……と言われました。

気持ちことばは使っちゃだめですよ！

5 その班の人たちは、話を聞いて、カードに書かれた気持ちことばを当てます。当たったら、次の班のばんです。より短い時間で気持ちことばを当てたほうが勝ちです。

じつはね…

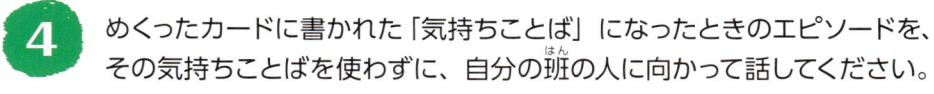

どうでしたか？　うまくまわりの友だちに自分の気持ちを当ててもらえましたか。
「気持ちことば」を使わずに話すことは、最初はむずかしいかもしれません。でも、あえてそのことばを使わないで、相手にわかるように伝える努力をすることが大切です。こうすることで、自分の気持ちをしっかり相手に伝えることができ、コミュニケーションの力がついてくるのです。

話をじょうずに聞くための方法

　コミュニケーションは、自分の話をじょうずに伝えることと同時に、相手の話をきちんと聞くことも大切です。

　下のふたつの絵は、どちらも幸太くんが英介くんに話しかけています。

　Ⓐ と Ⓑ、どちらの英介くんが、幸太くんの話をしっかりと聞いていますか?

Ⓐ

英介くん　　幸太くん

へえー

Ⓑ

ふむふむ

　Ⓐ の英介くんは下を向いて返事をしています。これでは、話している幸太くんが「ぼくの話、聞きたくないのかな?」と思ってしまいますね。Ⓑ の英介くんは、相手を見てうなずいています。話をしっかり聞いているのがわかります。

相手の話を聞くときに大切な3つのこと

1 体を相手のほうに向ける。

2 相手の顔（目）を見る。

3 話を聞きながらうなずく。

じっ

❶～❸をすることが、相手に「きちんと話を聞いていますよ」というメッセージになるのです。

じつはね…

どうでしたか？　友だちの気持ちを考えたり、自分の気持ちを誤解（ごかい）なく伝（つた）えたり、人の話をしっかり聞いたりすることは、かんたんそうですが、じつはとてもむずかしいことです。大人でもうまくできないことがあります。だから、今みんなができなくても当たり前です。でも、少しずつ意識（いしき）していくことで、だんだんとできるようになります。

友だちの気持ちを想像（そうぞう）し、自分の気持ちをきちんと伝（つた）える。友だちとしっかりコミュニケーションをとる。それが、友だちを大切にすることにつながるのです。

じょうずにコミュニケーションをとるコツ、試（ため）してみてくださいね。

この本を読んでくれたあなたへ

尾木直樹（おぎなおき）

どうだったかな？　みんな——。

いじめかどうかなんて、その人との関係性（かんけいせい）も大いに関（かか）わってくるからすごく複雑（ふくざつ）。表面（ひょうめん）的（てき）、形式的（けいしきてき）に決められないですよね。

大切なのは、相手に気遣（きづか）いをする、相手の立場・気持ちになるのはもちろんだけど、多少のことではビクともしない、信頼（しんらい）できる人間関係（かんけい）を多くのクラスメイトとつくること。

楽しい学校、安心できる学級づくりを君たち自身が主役になって築（きず）きあげることが大切なのかもしれないですね。

この巻（かん）を読んで、いじめの背景（はいけい）のひとつ、イライラ感情（かんじょう）の正体にもせまることができたと思います。あとはイライラ感情のコントロールを実践（じっせん）してみてね。

さみしさ、ショック、あせり、心配、不安（ふあん）、嫉妬（しっと）、自信（じしん）がない、後悔（こうかい）、苦しい、がっかり、悲しい、傷（きず）ついた、情（なさ）けない、——本当にイライラ感情（かんじょう）のもとはいっぱい！　でも、深呼吸（しんこきゅう）してみたり、その場からはなれてみたり、かんたんにできる実践（じっせん）もたくさんありましたよね。

この本を読んで、みんなが笑顔（えがお）いっぱいになり、教室がリビングのような、ありのままの自分でいられて、のびのびできる雰囲気（ふんいき）になるとうれしいですね。

この本に出てくることば

監修／尾木直樹（おぎ なおき）

1947年、滋賀県生まれ。教育評論家、法政大学特任教授、臨床教育研究所「虹」所長。早稲田大学卒業後、中学・高校などで教員として22年間ユニークで創造的な教育実践を展開。その後は大学で教壇に立つ。調査・研究、メディア出演、評論、講演、執筆活動にも取り組み、最近は「尾木ママ」の愛称で多数のメディアで活躍中。

制作協力／仲野繁（なかの しげる）

1954年、茨城県生まれ。東京都足立区立辰沼小学校校長（2017年3月現在）。東京理科大学卒業後、中学・高校で数学科教員として28年間勤める。その後管理職となり、ここ数年間は、小学校の校長として、いじめ防止教育を展開。いじめ防止教育の普及に取り組む。

コミュニケーション指導／渡辺弥生（わたなべ やよい）

大阪府生まれ。筑波大学大学院で心理学を学ぶ。筑波大学・静岡大学に勤め、途中ハーバード大学大学院、カリフォルニア大学サンタバーバラ校の客員研究員を経て、現在、法政大学文学部心理学科教授。同大学院特定課題ライフスキル教育研究所所長を兼務。教育学博士。

協力／東京都足立区立辰沼小学校

- ● 編集制作 ——— 株式会社アルバ
- ● 制作協力 ——— 臨床教育研究所「虹」
- ● 表紙イラスト — 藤田ヒロコ
- ● 巻頭マンガ ——— 上大岡トメ
- ● イラスト ——— サトゥー芳美
- ● デザイン ——— チャダル108
- ● 執筆協力 ——— 木村芽久美、用松美穂
- ● 写真撮影 ——— 石田健一
- ● 校正 ————— 田川多美恵

参考文献：『心の病は脳の傷 うつ病 統合失調症 認知症が治る』田辺功著（西村書店）／『目で見る脳とこころ』松澤大樹著（日本放送出版協会）／『10代を育てるソーシャルスキル教育』渡辺弥生・小林朋子編著（北樹出版）／『中学生・高校生のためのソーシャルスキル・トレーニング』渡辺弥生・原田恵理子編著（明治図書）／『子どもの「10歳の壁」とは何か』渡辺弥生著（光文社）

尾木ママのいのちの授業②
友だちのいのちと自分のいのち

発　行　2017年4月　第1刷

監　修　尾木 直樹
発行者　長谷川 均
編　集　浦野 由美子 堀 創志郎

発行所　株式会社ポプラ社
　　　　〒160-8565
　　　　東京都新宿区大京町22-1
振　替　00140-3-149271
電　話　03-3357-2212（営業）
　　　　03-3357-2635（編集）
インターネットホームページ http://www.poplar.co.jp
印刷・製本　今井印刷株式会社
ISBN978-4-591-15357-4　N.D.C.371/63P/23cm
Printed in Japan

本書のコピー、スキャン、デジタル化等の無断複製は著作権法上での例外を除き禁じられています。本書を代行業者等の第三者に依頼してスキャンやデジタル化することは、たとえ個人や家庭内での利用であっても著作権法上認められておりません。
落丁本・乱丁本は、送料小社負担でお取り替えいたします。小社製作部宛にご連絡ください。（電話 0120-666-553）
受付時間は月～金曜日、9：00～17：00です（祝祭日は除く）。

★ポプラ社はチャイルドラインを応援しています★

こまったとき、なやんでいるとき、
18さいまでの子どもがかけるでんわ
チャイルドライン®
0120-99-7777
ごご4時～ごご9時　＊日曜日はお休みです
電話代はかかりません　携帯・PHS OK

いのちについて、尾木ママといっしょに考えてみよう

監修 尾木直樹

尾木ママの いのちの授業

全5巻

小学校中学年〜中学生向き
各63ページ（5巻のみ47ページ）

B4変型判　図書館用特別堅牢製本図書